COMPRENDRE
LA LITTÉRATURE

MIXTE
Papier issu de sources responsables
Paper from responsible sources
FSC® C105338

MAURICE MAETERLINCK

Pelléas et Mélisande

Étude de l'oeuvre

© Comprendre la littérature.

22 rue Gabrielle Josserand - 93500 Pantin.

ISBN 978-2-75930-474-5

Dépôt légal : Septembre 2023

Impression Books on Demand GmbH

In de Tarpen 42

22848 Norderstedt, Allemagne

SOMMAIRE

- Biographie de Maurice Maeterlinck............................ 9

- Présentation de *Pelléas et Mélisande*......................... 13

- Résumé de la pièce.. 17

- Les raisons du succès.. 27

- Les thèmes principaux... 31

- Étude du mouvement littéraire.................................. 37

- Dans la même collection.. 43

BIOGRAPHIE DE
MAURICE MATERLINCK

Maurice Maeterlinck, de son nom complet Maurice Polydore Marie Bernard Maeterlinck, voit le jour le 29 août 1862 à Gand en Belgique. Il est élevé dans une famille de juristes, bourgeoise, conservatrice et francophone. Il entreprend de faire des études de droits, mais les abandonne au profit de la littérature. Il s'installe à Paris en 1886 où il rencontre Philippe de Villiers de L'Isle-Adam et les poètes symbolistes.

En 1889, il publie un recueil de poèmes d'affiliation parnassienne, *Les Serres chaudes*, qui deviendra par la suite une référence pour les surréalistes, et une pièce de théâtre tout aussi célébrée pour son génie : *La Princesse Maleine*, une œuvre qui transgresse les licences théâtrales. Poète engagé sur le plan esthétique, il s'oppose au naturalisme et à la prose d'Émile Zola qui domine la littérature française à l'époque.

Il publie trois drames brefs : *L'Intruse* (1890), *Les Aveugles* (1891) et *Les Sept Princesses* (1891) qui témoignent d'un véritable travail sur le dépouillement du texte et la volonté de révéler à son summum tout le sens symboliste. Sur cette lancée, Maeterlinck fait représenter sur scène *Pelléas et Mélisande* en 1892 ; l'opéra mis en musique par Claude Debussy est, quant à lui, joué en 1902.

Il consacre également plusieurs de ses œuvres à la méditation philosophique et scientifique. Penseur, il publie des ouvrages à l'intonation lyrique qui abordent les thèmes de la sagesse et de la fatalité tels *Le Trésor des humbles* (1896), *La Sagesse et la Destinée* (1898), *La Mort* (1913), *L'Hôte inconnu* (1917). Entomologiste, il consacre un essai aux abeilles intitulé *La Vie des abeilles* en 1901, suivi par *La Vie des fourmis* en 1930 et *L'Araignée* en verre en 1932.

Son goût pour les spectacles le conduit à écrire en 1894 du théâtre de marionnettes : *Alladine et Palomides*, *Intérieur* et *La Mort de Tintagiles*. Son nouveau théâtre atteint son apogée en 1908 avec *L'Oiseau bleu* qui réunit féérie, symbolisme et poésie.

En 1911, Maurice Maeterlinck reçoit le prix Nobel pour l'ensemble de son œuvre, rassemblant théâtre, poésie, essais et travaux de traduction (il traduit des écrivains comme Ruysbroeck l'Admirable, Emerson et Novalis). Par ce prix, il élève au plus haut rang l'esthétique symboliste et consacre ce mouvement.

En 1919, il épouse Renée Dahon. De nouveau, son œuvre et son travail sont mis à l'honneur : il obtient les distinctions de membre associé de l'Académie française et est anobli par le roi belge Albert Ier. En 1924, le couple acquiert le château de Médan, qu'il quitte en 1939 au début de la seconde guerre mondiale afin de s'exiler aux États-Unis, puis regagne en 1945. Maeterlinck meurt quatre ans plus tard.

PRÉSENTATION DE PELLÉAS ET MÉLISANDE

Publié en 1892 chez Lacomblez, *Pelléas et Mélisande*, drame symboliste en cinq actes, est représenté un an plus tard au théâtre des Bouffes-Parisiens. C'est lors de l'une de ces représentations que Debussy découvre l'œuvre de Maurice Maeterlinck, qu'il décide d'adapter en opéra. Cette découverte provoque chez le musicien « la secrète pensée d'une musique possible ». En deux ans, il achève la composition. Après avoir coupé la pièce de quatre de ses scènes afin de lui donner un rythme dynamique, *Pelléas et Mélisande* est jouée au théâtre de l'Opéra-Comique de Paris.

L'intrigue se noue autour d'un petit ensemble de personnages de grande noblesse et chaque acte est propice à un nouveau tableau. L'histoire de *Pelléas et Mélisande* se déroule dans un royaume imaginaire et féérique du nom d'Allemonde et dans un temps indéfini. Elle aurait pu être l'un de ces mythes fondateurs qui s'entrecroisent dans *Les Métamorphoses* d'Ovide, à l'image du mythe d'Écho et de Narcisse, ou une légende arthurienne où les rois Arkel et Arthur, et les reines Geneviève et Guenièvre se côtoieraient. L'amour y est innocent et romantique, objet de querelle, de l'apothéose poétique. Cet univers enchante par sa délicatesse, ses demi-mots, ce silence mystérieux et tragique.

« Il ne s'agit pas d'exprimer le rationnel et le sentiment lucide qui sont compréhensibles en des mots sûrs et clairs, mais ce qui se trouve au-delà de la raison et avant le sentiment, les débuts ternes et confus d'une sensation, tous les phénomènes étranges qui restent tapis sous le seuil de la conscience et ne sont ressentis que comme un gémissement sourd qui sort du dernier abîme de la nature, là où l'esprit ne pénètre pas… » affirma Maeterlinck à propos de son chef-d'œuvre.

RÉSUMÉ DE LA PIÈCE

Personnages :

Arkel, roi d'Allemonde.
Geneviève, mère de Pelléas et de Golaud.
Pelléas et Golaud, petits-fils d'Arkel.
Mélisande.
Le petit Yniold, fils de Golaud (d'un premier lit).
Un médecin.
Le portier.
Servantes, pauvres…

Acte I

Scène 1

Trois servantes à l'intérieur du château hèlent le portier pour qu'il leur ouvre la porte. Elles veulent laver le seuil, la porte et le perron, car un grand évènement est attendu. La porte s'ouvre et elles s'attèlent à la besogne.

Scène 2

Dans une forêt, Golaud découvre Mélisande au bord d'une fontaine. Il s'est perdu après avoir pourchassé un sanglier. Mélisande, penchée au dessus de la fontaine, pleure. Elle est perdue et ne veut pas en dire plus. Sa couronne est plongée au fond de la fontaine, mais elle ne veut pas la récupérer. Des gens lui ont fait du mal. Elle s'est enfuie et veut rester ici. Finalement, ils partent ensemble.

Scène 3

Dans une salle du château, Geneviève raconte le contenu

d'une lettre signée de Golaud à Arkel. Il veut que Mélisande soit acceptée par le roi. Ainsi, il raconte comment il l'a rencontrée et avoue qu'il l'a épousée. Arkel accepte. Pelléas entre, un ami à lui est mourant et il veut le rejoindre. Arkel rejette sa demande, son père est bien plus malade.

Scène 4

Devant le château, Geneviève et Mélisande discutent. Pelléas les rejoint, c'est la première fois qu'il rencontre sa belle-sœur. Au loin, un bateau prend la mer, c'est celui qui a conduit Mélisande et Golaud au château. Geneviève s'en va voir le petit Yniold et les laisse seuls.

Acte II

Scène 1

Pelléas vient d'emmener Mélisande près de la fontaine des aveugles. Mélisande se couche sur le marbre pour voir au fond de l'eau. Elle joue, toujours penchée, avec son alliance pour la faire briller au soleil et la laisse tomber. Elle ne veut pas la retrouver.

Scène 2

Golaud est étendu sur un lit et Mélisande est à son chevet. Son cheval s'est emporté, il est tombé et a perdu connaissance. Mélisande se met à pleurer, elle ne peut pas vivre au château. Elle en mourrait. Elle veut partir avec Golaud. Est-ce à cause de Pelléas ? Elle croit que Pelléas ne l'aime pas. Mais la raison est autre, elle ne voit pas assez le ciel dans ce château. Golaud s'aperçoit qu'elle a perdu son alliance et l'ordonne de la chercher, car elle a beaucoup de valeur pour lui. Elle ment et prétend qu'elle a perdu l'anneau dans une grotte près de la mer en ramassant des coquillages.

Scène 3

Pelléas et Mélisande sont à l'entrée de la grotte où Mélisande est censée avoir perdu la bague. De cette façon, si Golaud l'interroge, elle pourra lui décrire l'endroit. Ils entrent à l'intérieur. Leur découverte s'arrête là, trois pauvres se sont réfugiés dans la grotte à cause de la famine. Mélisande prend peur et ils fuient.

Scène 4

Arkel tente de convaincre Pelléas de ne pas quitter le château et rejoindre sont ami mourant. Pelléas va dans son sens et décide d'attendre.

Acte III

Scène 1

Mélisande file sa quenouille au fond de la chambre, Pelléas est avec elle. Il est tard et tout le monde dort au château. Le petit Yniold frappe et surgit de derrière la porte. Il fait peur à Mélisande. Le petit Yniold attend son père pour pouvoir aller se coucher. Il s'endort peu à peu à la fenêtre et Mélisande décide de chanter. Yniold croit voir quelque chose dans l'obscurité, puis c'est Golaud qui apparaît. Mélisande et Pelléas ont pleuré pendant que le petit avait le dos tourné.

Scène 2

Mélisande est à une fenêtre et peigne ses cheveux dénoués. Pelléas entre sur le chemin de ronde en contrebas. Elle se penche à la fenêtre et ses longs cheveux atteignent Pelléas. Il la complimente et lui déclare son amour. Il embrasse ses cheveux. Les colombes de Mélisande tournent autour d'elle et s'en vont. Les cheveux de Mélisande se sont emmêlés aux branches. Golaud les surprend et, nerveusement, les traite d'enfants.

Scène 3

Pelléas et Mélisande sont dans une galerie de grottes qui se situent en dessous du château. Là se trouvent des eaux stagnantes qui empoisonnent le château. Il y a un gouffre et Golaud veut que son frère se penche au-dessus. Il s'y risque puis ils sortent, de dégoût.

Scène 4

Sur une terrasse au sortir du souterrain, Pelléas et Golaud discutent. Il fait chaud. Golaud sait que Pelléas et Mélisande jouent à des jeux d'enfants, mais il faut la ménager, car elle est enceinte. Golaud demande à Pelléas de l'éviter.

Scène 5

Golaud est avec son fils, il sait qu'Yniold reste souvent avec Pelléas et Mélisande quand ils sont ensemble. Il l'interroge sur la relation qu'ils entretiennent. Yniold ne lui fait que des réponses innocentes d'enfant. Et avec la même innocence, il reproduit sur son père les baisers que Pelléas et

Mélisande se donnent. Ils sont sous une fenêtre. Golaud porte Yniold pour qu'il puisse voir à travers, ce que fait Mélisande. Elle est avec Pelléas. Ils sont tous les deux debout contre un mur et ne font rien.

Acte IV

Scène 1

Pelléas et Mélisande se rencontrent dans un corridor. Pelléas revient des appartements de son père. Il se porte mieux. Ce dernier lui a conseillé de voyager parce qu'il ressemble à un mourant. Il pense suivre son conseil, Mélisande ne le verra plus. Elle refuse de le voir partir. Il lui donne rendez-vous pour le soir même.

Scène 2

Arkel apprend à Mélisande que le père de Pelléas est sauvé. Maintenant, le château va pouvoir revivre joyeusement. Il a l'impression que Mélisande est égarée comme quelqu'un qui attend un grand malheur. Tandis qu'il s'approche d'elle pour la voir de près, Golaud surgit, une tache de sang sur le front : il vient de traverser un buisson. Il repousse Mélisande lorsqu'elle veut essuyer son front. Il demande à avoir son épée, elle la lui donne apeurée. Alors il la prend par les cheveux et, brusquement, l'agenouille devant lui en se moquant.

Scène 3

Sur la terrasse du château, le petit Yniold cherche à soulever un quartier de roc. Sa balle d'or est coincée entre deux pierres. Un troupeau de moutons passe devant le château, ils bêlent puis se taisent. Yniold demande au berger pourquoi ils se taisent. Il répond que c'est parce qu'ils ne vont plus en direction de l'étable.

Scène 4

Le soir, Pelléas et Mélisande se rejoignent. Elle est en retard ; Golaud faisait un cauchemar et elle a veillé sur lui. Pelléas veut la voir avant son départ, il lui déclare son amour et elle déclare le sien en retour. Ils s'embrassent. Pelléas s'étonne de la voir si belle, comme une personne qui va bientôt mourir. Mélisande croit voir Golaud au bout de leurs ombres. Elle a peur, déclare à nouveau son amour et embrasse Pelléas. Golaud se précipite sur eux avec une épée et frappe Pelléas qui tombe dans la fontaine.

Acte V

Scène 1

Huit servantes discutent dans une salle basse, pendant que des enfants jouent à l'extérieur. Une servante a découvert Golaud et Mélisande presque morts sur le pas de la porte. Les enfants ne veulent pas se taire. Golaud ne mourra pas. Mélisande a donné naissance à une fille sur son lit de mort. Tout le monde sait que Pelléas est au fond de la fontaine, sans en être sûr, car personne n'est certain de l'y avoir vu.

Scène 2

Mélisande est étendue sur un lit, entourée d'Arkel, d'un médecin et de Golaud. Selon le médecin, ce n'est pas la blessure qui la tue, mais elle meurt parce qu'elle est née sans raison. Golaud demande à être seul, il veut savoir si Mélisande a été infidèle. Il veut savoir la vérité. Mélisande découvre son enfant et ferme les yeux. Ils sortent en laissant derrière eux les servantes pleurant Mélisande et l'enfant, qui doit prendre sa place et qui est déjà triste.

LES RAISONS
DU SUCCÈS

Nombreux furent les adeptes de cette poésie et nombreux furent ceux qui mirent en scène *Pelléas et Mélisande* sous sa forme théâtrale ou en musique. La pièce fut adaptée par Debussy, le plus grand compositeur français d'opéra, puis par Gabriel Fauré en 1898, William Wallace en 1900, Arnold Schönberg en 1903, Jean Sibelius en 1905. La pièce ne cessa d'être jouée depuis sa création : en 2005, elle est mise en scène par Alain Ollivier au théâtre Gérard Philippe et en 2012 à l'Opéra Bastille.

Pourtant le succès n'était pas garanti pour Lugné-Poe, directeur du théâtre où la pièce fut jouée la première fois : « Camille Mauclair [grand critique de l'époque] s'était au moins autant que moi dévoué à *Pelléas* qui ne parvenait pas à être joué. Maeterlinck s'en était remis entièrement à Mauclair et moi... De tous les côtés vers lesquels nous nous tournions, c'était ou de la raillerie ou de l'indifférence, tout de même nous ne désespérions pas... »

Le symbolisme est à son apogée, la presse s'exalte et l'élève directement au rang de chef d'œuvre. Le critique Robert Charvay de *L'Écho* compare Maurice Maeterlinck à Shakespeare : « La scène représente ce pays de rêve que Shakespeare a dénommé "où il vous plaira". Logiquement, les décors sont d'une simplicité grise et voulue ; ils encadrent les acteurs d'une teinte neutre et vaporeuse. Ce sont de lourds feuillages, aux grandes lignes ornementales, des salles de palais sans architecture précise. On dirait que l'habile artiste, Paul Voegler, en les peignant, s'est inspiré des admirables camaïeux indécis et symboliques de Puvis de Chavannes. Pas d'accessoire, pas de meuble et surtout pas de prétendue exactitude dans la représentation scénique des objets inanimés. La rampe est supprimée; les hommes et les femmes en scène sont éclairés d'en haut comme par des rayons de lune ; l'ensemble demeure dans l'ombre et le regard flotte, indistinct, sur des entités de rêve. Les costumes s'harmonisent avec le reste des étoffes passées, comme lavées, sans effet criard, sans taches crues. Ils furent copiés sur des Memling du musée d'Anvers ou sur des décorations naïves des albums de Walter Crane. »

La représentation de Debussy en 1902 insuffle une nouvelle grandeur à la pièce, la musique la perfectionne, mais ce qui va renforcer sa notoriété se fait au détriment de Debussy, car ses découpes du texte que Maeterlinck refuse et qui font polémique, ainsi que sa transgression par rapport à la musique d'opéra classique, sont blâmées par la critique. Debussy rompt avec son époque et fait entrer la musique dans l'ère du symbolisme et de l'impressionnisme où tout se base sur la suggestion et le raffinement tirés aux limites du l'irréel, grâce à l'écriture de Maeterlinck qu'il prend pour modèle. *Pelléas et Mélisande* fait entrer, au même titre que l'œuvre de Wagner, l'opéra dans la modernité.

Pelléas et Mélisande est dès lors considéré comme un chef-d'œuvre de la littérature mondiale et Maurice Maeterlinck comme l'un des plus grands dramaturges du XIXe siècle au côté d'Ibsen, de Strindberg, de Claudel et d'O'Neill. Il reçoit le prix Nobel en 1911 pour la totalité de son œuvre.

LES THÈMES PRINCIPAUX

Le silence, un mode d'expression

Pélléas et Mélisande est écrit à partir d'une conception poétique du drame qui conduit l'auteur à produire des effets de sonorité et, notamment, emprunte ses techniques d'écriture au poème symboliste. L'expression de soi tout d'abord, le lyrisme, s'exprime à travers la répétition de la phrase complète, de fins de phrases ou de milieux de phrase qui rappellent la rime externe ou la rime interne en poésie : « Mélisande : Ne me touchez pas ! Ne me touchez pas ! (Acte I, scène 2), « Mélisande : Je me suis enfuie !... Enfuie... » (Acte I, scène 2), « Mélisande : Oh ! Oh ! Loin d'ici... Loin... Loin... » (Acte I, scène 2). Cette répétition du langage peut, en suivant les schémas d'un chiasme et de parallèles, produire toute une strophe de poème :

« Mélisande :
Je suis perdue... Perdue ici...
Je ne suis pas d'ici... Je ne suis pas née là... » (Acte I, scène 2).

Sur le plan des sonorités, ce sont des parallèles qui se forment : « perdue... perdu » crée une redondance ; « je ne suis pas », « je ne suis pas » fonctionnent en anaphore. Le chiasme se manifeste sur le plan du sens « je suis perdue » et « je ne suis pas née là » exprime une même idée, celle de l'égarement lié au lieu d'origine, de même que « Perdue ici... » et « Je ne suis pas d'ici... » répètent exactement le même message en agissant sur un mode pléonastique. Ces répétions créent un manque de repère chez le lecteur qui, à cause de l'effet hyperbolique, a l'impression de se détacher du concret et d'effleurer une émotion délicate, volatile et indéfinissable ressentie par une Mélisande tout aussi timide et délicate.

L'écriture symboliste s'apparente à une écriture de l'effleurement, à un jeu où le langage est indirect, détourné. La langue se dessine sous forme d'esquisse que seul le lecteur peut parachever en devinant la couleur, la profondeur et les reliefs de chaque tableau. Le mot est rare, la syntaxe, désarticulée, la langue, vernaculaire. À l'acte II, scène 4, Pelléas et Mélisande en font l'expérience dans leur dialogue :

« Mélisande : Il y a... Il y a... (*Elle montre les trois pauvres.*)

Pelléas : Oui, oui... Je les ai vus aussi... »

Les points de suspension marquent a fortiori la suspension de la phrase qui tend à être achevée sans l'être pour autant. Cette technique, l'aposiopèse, qui consiste à interrompre la phrase par des points de suspension qui sous-entendent son sens, apparaît dans le théâtre moderne du XIXe siècle. La didascalie entre parenthèses explicite le sous-entendu pour le lecteur et qui pour Pelléas est matérialisé par une action corporelle (Mélisande montre) qui continue la phrase et répond à la question : qu'est-ce qu'il y a ? La phrase répétée par Golaud concernant la relation unissant Pelléas et Mélisande : « Vous êtes des enfants... », « Quels enfants » (Acte III, scène 2), ou Pelléas reprenant ses propos : « J'ai joué comme un enfant autour d'une chose que je ne soupçonnais pas... J'ai joué en rêve autour des pièges de la destinée... » (Acte IV, scène 4), fonctionne par prétérition. Le secret est divulgué sans être explicitement formulé, il est dit par sous-entendu, car le jeu d'enfant précède le jeu de l'amour et cette expression, biaisée, signifie bien que Pelléas et Mélisande s'aiment d'un amour innocent.

L'inachèvement qui caractérise la langue se retrouve également au niveau de la narration et de l'architecture de l'œuvre. *Pelléas et Mélisande* est divisé en cinq actes et dix-neuf scènes qui représentent chacune un épisode de l'intrigue ou un événement significatif et symbolique de la totalité de l'histoire. Pour exemple, l'ouverture de la pièce met en scène les servantes qui veulent nettoyer le perron pour un événement à venir. Cette première scène annonce le dernier acte qui s'ouvre également sur les servantes qui, cette fois-ci, découvrent le perron après l'événement attendu, c'est-à-dire Golaud et Mélisande blessés. Maeterlinck crée une véritable dramaturgie de l'image, dramaturgie qu'il rythme à partir de la présence de points d'eau qui symbolisent l'évolution de l'histoire : la rencontre de Mélisande et de Golaud dans la forêt près d'une fontaine au fond de laquelle se trouve une couronne :Mélisande abandonne son ancienne vie ; la perte de l'alliance de Mélisande dans la fontaine aux aveugles en présence de Pelléas : elle conteste son mariage avec Golaud et devient symboliquement une femme libre ; l'excursion dans la grotte pour cacher le mensonge de Mélisande en compagnie de Pelléas jusqu'à la vision des pauvres : l'alliance entre ces deux personnages est néfaste ; Pelléas et Golaud dans les galeries se situant sous le château, l'eau y est stagnante et polluée : il existe une querelle sous-jacente entre ces personnages qui s'avèrera mortelle ; la scène finale avec Mélisande, Golaud qui tue Pelléas lequel sombre dans la fontaine aux aveugles : l'immersion de Pelléas dans la fontaine met un point d'achèvement à l'histoire, qui vient de réaliser un cycle. Les points d'eau stagnant continuellement, l'eau ne peut s'évacuer, se dévier de son axe, elle est obligée de croupir et par conséquent le lecteur dès le début sait qu'il est en présence d'une situation fatale où la mort est le seul dénouement possible.

Maurice Maeterlinck fait appel à la connaissance culturelle de son lecteur pour donner sens au symbole. Un poète symboliste a à sa disposition un panel de symboles connu du grand public et il a la possibilité de créer ses symboles. *Pelléas et Mélisande*, malgré ce que ce couple de patronymes évoque : la mythologie antique (*Le Roman de Leucippé et Clitophon* d'Achille Tatius), le roman grec (*Daphnis et Chloé* de Longus) ou la matière médiévale (*Tristan et Iseult*), est une véritable création de son auteur. L'auteur emploie les codes de tous ces genres afin de donner crédit à ce nouveau mythe et à lui octroyer une valeur qui est propre au genre du drame symboliste, dirigé par des contraintes. Les personnages de Pelléas et Mélisande, par leur candeur et leur amour innocent, réfèrent au roman grec ; les noms d'Arkel, de Geneviève renvoient quant à eux au roman chevaleresque, et le tragique, au mythe antique. Par ailleurs, le tragique est le seul véritable thème dicible : « Je vais mourir si l'on me laisse ici », « C'est ici que je ne peux plus vivre... Je sens que je ne vivrai plus longtemps » (Acte II, scène 2) ; « Ce n'est pas ainsi qu'on frappe aux portes. C'est comme si un malheur venait d'arriver ; regarde, tu as effrayé petite mère » (métaphore de la mort qui frappe à la porte, acte III, scène 1) ; « Tu es si belle qu'on dirait que tu vas mourir » (Acte IV, scène 4). La fatalité est l'œuvre d'une prescience et d'une prédiction récurrente. La mort est vécue par le personnage de Mélisande comme une finalité cohérente à son malheur, elle meurt lentement et en a conscience comme une Cassandre mourante, une Cassandre qui sait l'avenir, qui sait qu'elle va mourir, mais qui n'est pas crue et qui par conséquent ne sera pas sauvée.

ÉTUDE DU MOUVEMENT LITTÉRAIRE

Paradoxalement, le mouvement symboliste prend sa source dans *Les Fleurs du Mal* de Charles Baudelaire et s'oppose en même temps à l'esthétique de l'art pour l'art parnassien pratiqué par Théophile Gauthier et Théodore de Banville, ainsi qu'au matérialisme scientiste du naturalisme incarné par Émile Zola. Paradoxalement, en effet, car Charles Baudelaire lui-même prolonge dans ses poèmes la quête romantique de l'absolu, changé par lui en quête de l'idéal, et les prétentions formelles des Parnassiens. Ainsi, Baudelaire s'intéresse, comme ils le firent, au thème de l'exotisme, des mythes et de la nature, et rejette l'engagement politique et social du poète.

Le terme de symbolisme est proposé par Jean Moréas, suite à la création d'une revue qu'il dirige lui-même et qu'il intitule Le Symboliste en 1886. Usuellement, le terme de symbole désigne un signe figuratif représentant une réalité non directement perceptible comme les concepts. Prenons par exemple la colombe qui évoque la paix ou la balance qui représente la justice. Les symbolistes, contrairement à cette définition traditionnelle du symbole, pensent que le rapprochement entre deux réalités, deux sensations habituellement séparées, donne naissance à une idée originale. Une œuvre symboliste, dans laquelle le symbole est pur langage, fait surgir derrière le monde concret tout un monde idéal.

« Il ne s'agissait plus de décrire la société telle que chacun peut la voir, mais au contraire d'inventer du neuf, de donner à voir ce que nul auparavant n'avait aperçu. » Jacques Lemaire, Symbolisme.

Le symbole libère le mot de son sens matériel et ouvre ses potentialités vers une esthétique poétique focalisée sur le son, la couleur et la vision qu'il inspire. Le mot devient suggestion. « L'art poétique » tiré du recueil *Jadis et Naguère* (1884) de Paul Verlaine a servi de manifeste pour l'école symboliste :

« De la musique avant toute chose,
Et pour cela préfère l'Impair
Plus vague et plus soluble dans l'air,
Sans rien en lui qui pèse ou qui pose.
Il faut aussi que tu n'ailles point
Choisir tes mots sans quelque méprise
Rien de plus cher que la chanson grise
Où l'Indécis au Précis se joint.
C'est des beaux yeux derrière des voiles
C'est le grand jour tremblant de midi,
C'est par un ciel d'automne attiédi
Le bleu fouillis des claires étoiles !
Car nous voulons la Nuance encor,
Pas la Couleur, rien que la nuance !
Oh ! la nuance seule fiance
Le rêve au rêve et la flûte au cor !
Fuis du plus loin la Pointe assassine,
L'Esprit cruel et le Rire impur,
Qui font pleurer les yeux de l'Azur
Et tout cet ail de basse cuisine !
Prends l'éloquence et tords-lui son cou !
Tu feras bien, en train d'énergie,
De rendre un peu la Rime assagie.
Si l'on n'y veille, elle ira jusqu'où ?
Ô qui dira les torts de la Rime ?
Quel enfant sourd ou quel nègre fou
Nous a forgé ce bijou d'un sou
Qui sonne creux et faux sous la lime ?
De la musique encore et toujours !
Que ton vers soit la chose envolée
Qu'on sent qui fuit d'une âme en allée
Vers d'autres cieux à d'autres amours.
Que ton vers soit la bonne aventure

Eparse au vent crispé du matin
Qui va fleurant la menthe et le thym...
Et tout le reste est littérature. »

L'art poétique symboliste est à la fois la synthèse d'une expérience de la vie que les poètes vont interpréter et déchiffrer, et un exercice de style où le vers, la rime, les sonorités et le langage sont en proie à la confusion. Plusieurs courant se déclarent au sein du mouvement symboliste : Robert de Montesquiou recherche une langue précieuse, alors que René Ghil et Gustave Kahn tentent de valoriser l'enchaînement des sons à travers un vers à la métrique libre. Paul Verlaine, de son côté, s'intéresse au rapport entre la réalité et l'idée, le critique et, finalement, par sa poésie, inverse la tendance, pour que le lecteur ne sache plus dans le vers quel est le référent réel et la métaphore. Dès lors, la poésie s'organise autour d'une quête de l'évocation, de la suggestion qui nécessite, car le travail des poètes est sans précédent, l'appropriation par les lecteurs d'un nouveau langage symphonique, souvent obscur pour les néophytes.

C'est cette vision symphonique du monde et, a fortiori, la synesthésie (ou la mise en correspondance des choses entre elles par le biais de techniques relevant de la poésie : métaphore, sonorité, impressions sensorielles) qui allient l'écriture symbolique et la musique. Claude Debussy, Maurice Ravel, Gabriel Fauré et Richard Wagner ont composé des partitions pour des œuvres symbolistes adaptées à ce nouveau support. *Pelléas et Mélisande*, d'origine théâtrale, est adapté à l'opéra et mis en musique par Debussy ; *Orphée-roi* de Victor Segalen est écrit en collaboration avec Debussy ; *La Ballade de la reine morte d'aimer* (1894) composée par Maurice Ravel est directement inspirée de Charles Baudelaire et d'Edgar Poe. La musique parachève pour cette œuvre la quête des sonorités par laquelle la poésie exprime le sens mystérieux de l'esprit.

La peinture symboliste, représentée par Gustave Moreau, Arnold Böcklin ou Paul Gauguin, s'exprime distinctement dans cette quête de l'idéal – chaque support possède ses propres techniques et ses propres contraintes d'exécution, ainsi que son propre objet d'attention. Les peintres ne cherchent plus à perfectionner le réel à la manière des maniéristes, mais, en s'opposant à cette doctrine classique, tentent d'invoquer l'invisible sur leurs toiles à partir d'une utilisation du symbole comme évocation du réel, ou en figurant ce qui dans le réel par croisement appelle un concept. *D'où venons-nous ? Qui sommes-nous ? Où allons-nous ?* de Paul Gauguin répond à ces questions existentielles à travers un tableau démesuré reproduisant sa vision de la vie en un triptyque à lire de droite à gauche : la naissance bénie vue comme la création d'un lien social, l'enfance joueuse et nourrissante, l'adulte vient ensuite et rapidement, la mort, chemin vers la paix.

L'influence du symbolise n'est pas seulement horizontale, et ne fait pas que se transvaser d'un art vers un autre, elle est également verticale : de génération en génération, le symbolisme étonne encore et fédère des acteurs culturels comme le fondateur de la négritude Aimé Césaire avec son œuvre *Soleil cou coupé* (1947) qui reprend un vers du poème « Zone » d'Apollinaire, qui reprend lui-même le mythe d'Orphée, figure de la poésie, décapité par les furies (thème repris notamment par Gustave Moreau). Elle se prolonge aussi, selon Achmy Halley (auteur et chercheur en littérature), dans l'œuvre de Marguerite Yourcenar, académicienne, qui est en poésie « une archéologue du silence ».

DANS LA MÊME COLLECTION
(par ordre alphabétique)

- **Anonyme**, *La Farce de Maître Pathelin*
- **Anouilh**, *Antigone*
- **Aragon**, *Aurélien*
- **Aragon**, *Le Paysan de Paris*
- **Austen**, *Raison et Sentiments*
- **Balzac**, *Illusions perdues*
- **Balzac**, *La Cousine Bette*
- **Balzac**, *La Femme de trente ans*
- **Balzac**, *Le Colonel Chabert*
- **Balzac**, *Le Lys dans la vallée*
- **Barbey d'Aurevilly**, *L'Ensorcelée*
- **Barbey d'Aurevilly**, *Les Diaboliques*
- **Bataille**, *Ma mère*
- **Baudelaire**, *Les Fleurs du Mal*
- **Baudelaire**, *Petits poèmes en prose*
- **Beaumarchais**, *Le Barbier de Séville*
- **Beaumarchais**, *Le Mariage de Figaro*
- **Beauvoir**, *Mémoires d'une jeune fille rangée*
- **Beckett**, *En attendant Godot*
- **Beckett**, *Fin de partie*
- **Brecht**, *La Noce*
- **Brecht**, *La Résistible ascension d'Arturo Ui*
- **Brecht**, *Mère Courage et ses enfants*
- **Breton**, *Nadja*
- **Brontë**, *Jane Eyre*
- **Camus**, *L'Étranger*
- **Carroll**, *Alice au pays des merveilles*
- **Céline**, *Mort à crédit*

- **Céline**, *Voyage au bout de la nuit*
- **Chateaubriand**, *Atala*
- **Chateaubriand**, *René*
- **Chrétien de Troyes**, *Perceval*
- **Cocteau**, *La Machine infernale*
- **Cocteau**, *Les Enfants terribles*
- **Colette**, *Le Blé en herbe*
- **Corneille**, *Le Cid*
- **Crébillon fils**, *Les Égarements du cœur et de l'esprit*
- **Defoe**, *Robinson Crusoé*
- **Dickens**, *Oliver Twist*
- **Du Bellay**, *Les Regrets*
- **Dumas**, *Henri III et sa cour*
- **Duras**, *L'Amant*
- **Duras**, *La Pluie d'été*
- **Duras**, *Un barrage contre le Pacifique*
- **Flaubert**, *Bouvard et Pécuchet*
- **Flaubert**, *L'Éducation sentimentale*
- **Flaubert**, *Madame Bovary*
- **Flaubert**, *Salammbô*
- **Gary**, *La Vie devant soi*
- **Giraudoux**, *Électre*
- **Giraudoux**, *La Guerre de Troie n'aura pas lieu*
- **Gogol**, *Le Mariage*
- **Homère**, *L'Odyssée*
- **Hugo**, *Hernani*
- **Hugo**, *Les Châtiments*
- **Hugo**, *Les Contemplations*
- **Hugo**, *Les Misérables*
- **Hugo**, *Notre-Dame de Paris*
- **Hugo**, *Ruy Blas*
- **Huxley**, *Le Meilleur des mondes*
- **Jaccottet**, *À la lumière d'hiver*

- **James**, *Une vie à Londres*
- **Jarry**, *Ubu roi*
- **Kafka**, *La Métamorphose*
- **Kerouac**, *Sur la route*
- **Kessel**, *Le Lion*
- **La Fayette**, *La Princesse de Clèves*
- **Le Clézio**, *Mondo et autres histoires*
- **Levi**, *Si c'est un homme*
- **London**, *Croc-Blanc*
- **London**, *L'Appel de la forêt*
- **Maupassant**, *Boule de suif*
- **Maupassant**, *Le Horla*
- **Maupassant**, *Une vie*
- **Molière**, *Amphitryon*
- **Molière**, *Dom Juan*
- **Molière**, *L'Avare*
- **Molière**, *Le Malade imaginaire*
- **Molière**, *Le Tartuffe*
- **Molière**, *Les Fourberies de Scapin*
- **Musset**, *Les Caprices de Marianne*
- **Musset**, *Lorenzaccio*
- **Musset**, *On ne badine pas avec l'amour*
- **Perec**, *La Disparition*
- **Perec**, *Les Choses*
- **Perrault**, *Contes*
- **Prévert**, *Paroles*
- **Prévost**, *Manon Lescaut*
- **Proust**, *À l'ombre des jeunes filles en fleurs*
- **Proust**, *Albertine disparue*
- **Proust**, *Du côté de chez Swann*
- **Proust**, *Le Côté de Guermantes*
- **Proust**, *Le Temps retrouvé*
- **Proust**, *Sodome et Gomorrhe*

- **Proust**, *Un amour de Swann*
- **Queneau**, *Exercices de style*
- **Quignard**, *Tous les matins du monde*
- **Rabelais**, *Gargantua*
- **Rabelais**, *Pantagruel*
- **Racine**, *Andromaque*
- **Racine**, *Bérénice*
- **Racine**, *Britannicus*
- **Racine**, *Phèdre*
- **Renard**, *Poil de carotte*
- **Rimbaud**, *Une saison en enfer*
- **Sagan**, *Bonjour tristesse*
- **Saint-Exupéry**, *Le Petit Prince*
- **Sarraute**, *Enfance*
- **Sarraute**, *Tropismes*
- **Sartre**, *Huis clos*
- **Sartre**, *La Nausée*
- **Senghor**, *La Belle histoire de Leuk-le-lièvre*
- **Shakespeare**, *Roméo et Juliette*
- **Steinbeck**, *Les Raisins de la colère*
- **Stendhal**, *La Chartreuse de Parme*
- **Stendhal**, *Le Rouge et le Noir*
- **Verlaine**, *Romances sans paroles*
- **Verne**, *Une ville flottante*
- **Verne**, *Voyage au centre de la Terre*
- **Vian**, *J'irai cracher sur vos tombes*
- **Vian**, *L'Arrache-cœur*
- **Vian**, *L'Écume des jours*
- **Voltaire**, *Candide*
- **Voltaire**, *Micromégas*
- **Zola**, *Au Bonheur des Dames*
- **Zola**, *Germinal*
- **Zola**, *L'Argent*